人を思いやる力

素晴らしい友に恵まれるために

井畑正明
Ihata Masaaki

フォー・ユー

はじめに

私たち人間は、とても寂しがり屋です。誰ともいっさい会わず、喋らずに、一体どのくらい耐えられるものでしょうか。人によって多少の違いはあるでしょうが、きっと人恋しくなって、オーバーに言えば、居ても立ってもいられなくなるのではないでしょうか。

そんな私たちですから、一人でも多くの心許せる友人を持ちたい、といつも思っています。また、人と仲良くして、楽しくお付き合いしたいと、誰もが願っています。

でも、その意に反して、「友人がなかなか出来ない」という声をよく耳にします。なかには、心とは裏腹に「人と親しく話をすること自体が苦手だ」「どう話をしたらいいのか分からない」と悩んでいる人、あるいは、「周りの人との人間関係がどうも上手くいかない」と、気に病んでいる人も少なくありません。

一体、どうしてでしょうか。それは、人づきあいの〝基本の基本〟のルールともいうべきものを意外に知らないままに、私たちは人と接していることが多いからです。だから、他意も悪気もないのに、人を傷つけ、誤解され、悪印象を持たれたりしてしまうのです。

無理もありません。私たちはきちんとした「人づきあいの基本のルール」などは、誰からも教わっていないからです。子どもから大人に、青年から壮年、老年になるなかで、いくつかのことは親・兄弟や教師から、あるいは友人や先輩、上司から教わりますが、それは、ほんの断片にすぎません。ほとんどのところは自分で、それも、手痛い失敗のなかから、貴重な教訓として一つひとつ身につけていくしかないのです。

では、どうしたらそれを効率よく身につけることが出来るでしょうか。そして、周りのみんなに好感を持たれ、よい人間関係をつくるコツは何でしょうか――。

人生の重要なカギである〝人との出会い〟を発展させ、より確実なものにするために、私の乏しい経験と、いろいろな人々から教訓として得たものを整理して本にしてみました。少しでも読者の方々に参考になれば幸甚です。

井畑　正明

人を思いやる力

◆目次◆

はじめに

1章　基本の心構えはOKですか

2章　お付き合いを決める「言葉」と「態度」

3章 ものの見方・考え方は適切ですか

4章 すべては「思いやり」の心

1章

基本の心構えはOKですか

1 自分からアクションを起こしているか

●待っていては誰も来てくれない

ふつう世の中で、待っていて先方から訪ねて来てくれる、というケースはどれくらいあるでしょうか。

評判のいい医者の患者か、人気弁護士のクライアントか、流行っているお店のお客か、あるいは、あなたの財産、地位、名声を狙って一儲けを企む輩くらいです。親しい友人関係を求めて来る人というのは滅多にいません。

人間は誰でも、人から好かれたい、交友を広めたい、と思っています。

「いや私は、人から好かれたくもないし、交友を広めたいとも思っていない。そんなことは面倒なだけだ」

と、口で言っている人も、内心は同じです。

でも、待っているだけでは、友人などできません。作用・反作用という言葉がありますが、自分から働きかけることで、相手からも反応が返ってくるものです。

では、積極的に自分から働きかける姿勢とは何でしょうか。

こちらから進んで挨拶をする、声を掛ける、電話をする、手紙を出す、メールを送る、会合に出席する——といった、実は単純なことなのです。

もしあなたが、この一見単純な積極的行動がとれないとしたら、それを妨げているのは何でしょうか。

それは、相手にされなかったときの挫折感や孤独感、プライドを傷つけられることへの不安感です。そのため、引っ込み思案で億劫な気持になってしまうのです。

でも、相手も実は同じ気持です。人に好かれたい、冷たくされたくないと、いつも思っているのです。

手始めに、毎日よく会う人に、こちらから挨拶してみましょう。

よく外国に旅行に行くと、朝「グッドモーニング」と見知らぬ外人から挨拶を受けます。このとき、挨拶されて悪い気持を抱く人はまずいません。この点、都会の日本人は、どうしてこうも挨拶が下手なのでしょうか。

とくに男性は、自分のほうからほとんど積極的に挨拶しない、声を掛けない、という人が多いようです。一応、先方から挨拶されれば返しの挨拶はしても、自分から挨拶をするのはプライドにかかわる、とでも思っているのでしょうか。

まず人間関係づくりの基本は挨拶、声掛けからです。「お早うございます」「こんにちは」「今晩は」から、「今日はいい天気ですね」「お宅のワンちゃん、可愛いですね」とか、何でもいい。一つの声掛けで人間関係の糸口ができるものです。

こちらから挨拶しても無愛想な人が一〇人に二人、ザッと二割ほどはいるものですが、このような人は、実は大変可愛想な人なのです。

●努力が減れば友人は減っていく

私たちのつながりというのは、仕事上の集まりから地域のつながり、同窓会、クラス会、趣味の会まで、さまざまな会合があります。

ところが、このような会合に、いつも出席しない人がいます。いろんな理由があるのでしょうが、その一つに「会っても人と上手に会話ができない」ということを挙げる人がいます。

人と人との付き合いには、それなりの会話術は必要でしょうが、何はさて置いて、消極的考えは捨てて、ともかく出席してみる、そして自分から誰にでも話し掛けてみる、ということが大切なことです。


年をとると友人が減るといわれます。

確かに、昔からの友人が病気や死亡によって徐々に減っていきますが、努力すれば新しい友人は増えます。むしろ、年をとって友人が減るというのは、新しい友人をつくるための積極的な努力が失われていくからです。

友人づくりには、Actively（積極的に）、Friendly（友好的に）、Timely（タイミングよく）という三つの要素が欠かせないのです。

2 自分の欠点を直そうと努力しているか

●人間、年をとると我儘になる

人間は誰しも、性格の良いところと悪いところがあります。だから、いくつになっても、自分の悪い性格、習慣、行動等を直すように努力することが大切です。

ところが年をとると、反対に我儘が出てきて、悪いところが目立ち始めるものです。それは人に嫌われる始まりです。

人に好意を持たれようと思ったら、自分の悪いところを毎日でも意識して、直そうとする気持を持たなければなりません。

「人の振り見て我が振り直せ」の諺どおり、人の悪いところを見たら、それを教材にして自分の反省材料とし、また、良い点はどんどん取り入れていくことです。

どんな人でも一〇〇％完全な人はいません。それは他人のこととしては良くわかるのですが、自分のこととなると、気づかないものです。

●ストレスを与える人か、癒す人か

人と接していて、非常にストレスを感じる人と、反対に心が和み、ストレスが癒されるような気持になる人がいます。

どんな人も、自分が考えている程度以上に周りにストレスを与えている、という調査もあります。それほど私たちは、会話や態度によって、周りの人にさまざまな影響を与えているのです。

他人に多大なストレスを与えているとしたら、好感を持たれるはずはないわけで、おそらく次第に避けられるようになるでしょう。また、そうした相手が上司や取引先など、止むを得ず付き合わざるを得ない人のケースだと、その人のストレスは次第に増大していくことでしょう。

世の中には、上役や大企業の人間など、往々にして力を持っている人に、こういうストレスを与えるタイプの人が多いものです。しかし反対に、そういう立場の人によってストレスが癒されたとしたら、どんなにその人に好意を持つようになることでしょう。

私たちは、立場の上下にかかわらず、いやむしろ、高い地位や立場に立てば立つほど、他人のストレスを癒してあげられる人間になるよう、心掛けたいものです。

だから、もし人から嫌な思いをさせられたら、その人に腹を立てる前に、発想を変えて一歩下がり、自分も同じようなことを人にやっていないかを反省してみる。同時に、自分は人にストレスを与える側の人間か、癒す側の人間か、考えてみるとよいでしょう。そうして「あのような人は、だから友人がいないのだ、可哀想な人だ」と考える。そうすると、ストレスはぐんと少なくなるはずです。

いろいろな人と交際すると、さまざまなストレスが発生するものですが、このように意識して交際していくと、毎日が人生勉強になり、ストレス解消にも役立つようになります。

ちょっと発想を転換してみることによって、嫌な体験としてのストレスも、自分の向上の糧になって、人間観察がとても興味深いものになるに違いありません。

3　相手に思いやりを持っているか

●思えば思われる

世の中には孤独が好きな人や、何らかの事情で人間嫌いになった人などもいないわけではありませんが、そんな人も含め、すべての人が本心では、多くの友達を持ちたい、楽しい交友をしたいと思っているに違いありません。

それなのに、自分の思い通りにいかないの理由の一つは、人を好きになる、愛そうとする積極的な気持が少ない、ということが考えられます。

「思えば思われる」というように、相手に好意を持っていれば、相手もそれに応えようとするものです。相手に好意も関心も持たずして、好かれるはずはありません。

仮に、相手にいくら好意を持って欲しいと思っていても、自分がその相手に好意を持っていなければ、自然にそういう態度が表に現われて、相手に良い印象を与えていないものです。

●自分を主役に押し立ててみよう

逆に、何となく人が寄りつかないということは、自分のほうに何か理由があるはずです。

たとえば自尊心が高い、無口で取っつきにくい、話題が少ない、暗い、話が面白くない…等々、いろいろな原因が考えられます。

そういう性格的な欠点を自覚して直していくことが大事ですが、相手に対して好意を持って接するようにすれば、自ずと相手に悪印象を与えるようなイメージは表に出なくなるものです。

ちょっと極端に言えば、

「自分は人を明るく楽しくさせるために生まれて来たのだ。だから、自分と交際する人はみんな明るく楽しくなる…」

というくらいの気持で相手と接したら、間違いなく友達は増えるものです。

ただ漫然と喋り、食べたり飲んだりしているより、ずっと楽しい交際になるのではないでしょうか。

●交際にも区切りが大切

人と人とが出会い、人間関係が結ばれていくということは大変重要な、意義あることです。ある場合には、その出会いが一生を左右し、自分の運命を決定づけることになる場合もあります。

したがって、出会いを大切にすると同時に、この人とどう付き合うべきかをよく観察し、信頼してよい人なのか、交際を避けたほうがよい人なのかを早く見極める必要があります（この見極め方については、後で触れます）。付き合いを避けたほうがよい人とズルズルと交際しているうちに、ひどい事態になることもあります。

交際にも、区切りということが大切です。

信頼していいと判断した人には、積極的に好意を持って交際することが大切ですが、昔の政略結婚のように、愛情もない結婚は最大の不幸をもたらします。友情も、愛情も、やさしさも、心配りも、何もない人間関係なんてあろうはずがありません。

人を利用し、自分の欲求だけを満たそうとする人に、良い人間関係を求めても無駄です。騙される、捨てられる、裏切られる、暴力を振るわれる、離婚される…といったことは、第一には相手の問題でしょうが、自分に人を見分ける判断力が欠けていたということも大きな原因であることを認識すべきです。

●基本は相手への愛情と心配り

ある著名な会社の社長さんですが、時々夫妻で訪れるホテルのドアマンにチップを渡すとき、小袋の中に、

「いつもお出迎え、お見送りありがとう。

暑いときも寒いときも大変ですね。

さすが一流ホテルのドアマンの方々は立派な方ばかりです。

これからもよろしくお願いします」

というようなメモをいつも入れておられるそうです。

ただお金だけを渡すのではなく、こういうメモをつくって渡すだけで、どんなにその価値が高まることでしょう。そういう、ちょっとした心づかい、

心配りが、人間関係を高めるうえで、とても大切なことなのです。

先日、ある航空会社のビジネスクラスを利用したときのことです。パーサーの方が、一つ一つの座席に座っている人に、おそらく、その日の搭乗者名簿から知ったのでしょう、名前を呼びながら、

「○○様、本日は××航空をご利用いただき、ありがとうございます。ごゆっくりとお寛ぎください」

降りるときにも、

「○○様、本日はありがとうございました。お気をつけてお帰りください」

という挨拶をしていました。

会社全体でやっているのか、あるいは、その人だけがやっているのかは分かりませんが、すばらしい心配りだと思いました。

女子マラソンの高橋尚子選手を育てた小出監督は、「名監督とはどういう人を言うのですか」という質問に答えて、

「私は、やさしさ、愛情のある監督だと思う」

と答えています。

スポーツに限らず、人を育てるには厳しいトレーニングで忍耐力をつけ、技能と精神力を身につけさせることが大切ですが、まず、人を育てようとする愛情がなければ、人は育ちません。

良き人間関係づくりの基本は、相手に対する愛情、やさしさ、心配り、親切心だと思います。これがない人間関係は、無味乾燥の人間関係です。

2章

お付き合いを決める「言葉」と「態度」

1 いつも魅力的な笑顔をつくれるか

●「顔つき」は嘘をつかない

私たちは、電車やバスなどの乗物で、空席があって座ろうとするとき、無意識のうちに両隣の人の様子を一瞬見るはずです。何をチェックしているかというと、その人の顔つきや態度、服装です。「変な人だな」と判断したら、座るのをためらうでしょう。

このように顔つきというのは、その人間の人格を表わす第一のモノサシとされます。人に初めて会ったときの第一印象も、顔つきに相当部分、左右されます。この第一印象を良くするというのは、良い人間関係をつくるうえにおいてとても重要なものです。

美人というのは、両親の遺伝子によって、顔の形、目、眉、鼻、口、唇、耳などが形よく、うまく配置されている人です。それは他の人から見て（犬、猫など人間以外の動物にどう映るか分かりませんが）、美しいと感じる造形上の美しさを備えているということであって、心の持ち方や精神から醸し出される精神上の美とは、違います。

私たちは、美人は心も美しいはず、と錯覚してしまいますが、そんなことはありません。そもそも、美人必ずしも〝美しい顔〟ではありません。暗い顔の美人、険のある顔の美人、高慢な顔の美人など、よくよく見れば、いろいろあります。それは、心が投影されているからです。その意味では、顔は嘘をつかないし、また顔つきは、自分自身の責任でもあります。

だから、人間の顔というものは、時々刻々と変わります。年齢、健康状態、生活環境、経験、教養、自信の有無、等々によって変わっていきます。明るい、良い顔というのは、明るい気持、平穏で穏やかな心、美しい気持から、自然に湧き出てくるものです。苦しみが積み重ねられていたり、あるいは健康状態が優れないときには、明るい、美しい顔はできないでしょう。

しかし、そういう状況であっても、逆境に負けない精神力でもって、明るい気持を持ち続けよう、できる限り心を乱さないようにしよう、と努力すれば、明るい、美しい顔をつくることができます。まさに顔は心の窓。心の持ち方によって、顔はつくられるのです。

明るい、美しい顔の代表は、曇りのない幼い子供の顔です。また、一つのことに集中して努力・研鑽しているときの顔、たとえばスポーツ選手とか芸術家が熱中しているときの顔はいい顔をしています。あるいはまた、年輪を重ね、ある境地に達した人の顔も、美しいものです。老境に達しても目標を持って、死ぬまで自己研鑽を怠らない人たちです。

こうした明るい、美しい顔は、簡単にはできません。えせ（似非）美人は整形によってできるでしょうが、本当に心の底から美しい顔は、内面からしかつくられないのです。

●笑顔の素晴らしくない人はいない

美しい顔をさらに美しく、より魅力的にするのは、笑顔です。〝一〇〇万ドルの笑顔〟というように、笑顔は人の魅力を何倍にもする、素晴らしいものです。

よく美人で、笑うと損をするというように、いつも澄ました顔をした人がいますが、「私は美人だから、人に媚びる必要はない」と思って笑わないのでしょうか。気の毒な人です。

美しい笑顔は人の気持をどんなに和ませ、楽しくさせるか計り知れません。どんな人も、笑ったときの顔というのは美しいものです。

でも、笑えばいいというものではありません。作り笑いというのは、不自然な笑顔になり、余韻がありません。また、笑うべきでないときに笑えば、相手に不快感を与えるばかりでなく、嫌悪感や恐怖感さえ与えます。笑いは、諸刃の剣にもなります。

明るい、美しい顔、魅力のある笑顔を心掛けようではありませんか。

2 清潔なオシャレで〝活性化〟されているか

●心の乱れは身だしなみや机の上から

清潔にする、オシャレをするということは、それだけにとどまらない、とても大事なことです。単に周囲の人に好感を与えるということだけでなく、自分自身の活性化に大変重要なことと認識すべきです。

整髪、服装、化粧の乱れは心の乱れになり、心の乱れは髪、服装、化粧の乱れになって表われます。

よく「部屋を掃除しなくたって死にはしないよ」と言う人がいますが、部屋を掃除しない、片づけないという生活は、人間をだらしなくし、生活も仕事もメリハリのない、乱れたものに変えていきます。

私が現役のマネジャー時代、セールスマンを集めて、こう聞いたことがあります。

「君達が営業活動をしていて、この会社、このお店、あるいはこの家は（支払のうえで）危ない、と感じるのは、どんなところか？」

すると、

「机の上にホコリが溜まっていたり、整頓が悪く散らかっていたり、事務所全体や家の中が何かだらしない感じがするところは、何となく不安を感じます」

という答えが返って来ました。

結局、その人の心が乱れて、経営がおかしくなってくると、日常の生活が乱れ、それが整理整頓、清掃というようなところに表われてくるのです。だらしない人は、だらしない生活になり、机の上や部屋の中が乱れ、髪型、服装、化粧が乱れてくる。そうなると、ますます心までも無気力なものになってしまうのです。

●年をとるほどに清潔なオシャレを！

若いうちは肌も何も、若々しく、それほど気を配らなくてもよいのですが、年をとるにしたがってジジむさく、ババむさくなってきます。そうなると人間は、ますます顔や頭髪、服装等に構わなくなります。そうして次第にだらしなくなっていって、すべてに関心が不足していくという〝老い〟に直結します。つまり、加速度的に心が老化していくのです。

老人にとっては、心の老化が一番良くないことだと私は思っています。人間は生まれた時から一日一日と死に向かって行きます。これは誰にも避けることはできません。しかし、どんなに年をとり、死に近づいても、心だけは若くありたい、青年でいたい、と私は思っています。

心の老化を防ぐ一つの有効な方法は、いつも清潔な、適度なオシャレをすることです。たとえリタイア生活に入り、外出する必要がなくなっても、毎日一度は服装を整える、多少の化粧はする、という心掛けが大事です。

心を活性化するにはいろいろな方法がありますが、清潔で適度なオシャレは、誰にでもすぐできる、ベストの方法です。

3 自慢話と悪口の人になっていないか

●みんな自尊心が服を着ているようなもの

ほとんどの人が、自分にとって良いことや成功したことは口に出しますが、失敗したこと、損をしたことなど、悪い話は口に出したがりません。それは、人間が自尊心の塊だからです。

人間とは、あたかも自尊心がスーツを着、嫉妬心が靴をはき、競争心がオーバーを羽織っているようなものです。それだから、どうしても人間の性として、自慢したい、威張りたい、見栄を張りたい、という気持が起こるのです。これは当然のことです。

政治の世界など、厳しい競争社会においては、他人を蹴落としても自分が上に行きたいと思うあまり、良い人間関係、友人関係はなかなか生まれません。似たような意味で、会社の同僚間、同業者間なども、表面上は親しそうでも、真の友人という関係は生まれにくいものです。

むしろ真の友人関係ができるのは、退職後、現役引退後、廃業後、ということになるかもしれません。それはそれで仕方のないことでしょう。

●誰も他人の自慢話は聞きたくない

それだけに、自分の自慢ばかりする人、見栄を張る人、知ったか振りをする人は、嫌われます。誰でも、嫉妬心と自尊心の塊だからです。

「他人の成功は不味い食事、他人の失敗は蜜の味」で、自慢話を聞くよりも、他人の失敗話や悪口が大好きです。

　でも、他人の悪口は自分にハネ返ります。聞いている相手は、「きっとこの人は別の所では自分の悪口をこんなふうに言っているのだろう」と思っているはずです。しかも、必ず悪口は、人の口を通じて本人の耳に入るものです。他人を通じて耳に入った悪口は、本人の憤りを何倍にも膨らませます。「良いことは間接に、悪いことは直接に」というのが、人付き合いの鉄則です。

　もっとひどいのは、事実を確認しないで噂を受け売りする人、さらには、噂を製造する人です。こういう人はよほど暇な人か、それによって周囲の関心を引きたい人なのでしょう。「火のない処に煙はたたない」ものですが、煙らしきものが立つとすぐ噂をつくる人には困ったものです。でも、こういう人は、次第に皆から敬遠され、仲間はずれになる人です。

4 相手の長所を褒《ほ》めることができるか

●自尊心の塊だからこそ褒められると嬉しい

私たち人間は自尊心の塊だけに、相手の優れている点を認め、言葉に出して称賛することには大変抵抗があります。だから、褒《ほ》めるということはなかなか難しいことです。

それは、まず第一に、称賛するということは、自分より相手が優れていること、あるいは同じ年齢・経験年数の人と比較して相手が勝っていることを認めること、だからです。

これが人間にとって難しいことであると同時に、褒める人のレベルが相当高いものであることが要求されることも、難しさの一因です。

それは、自分が褒められる立場に立ってみるとよく分かります。ゴルフの下手な人に「すごくいいスウィングをしていますね」と褒められても、あまり嬉しくないはずです。でも、もしプロゴルファーにそう言って褒められたら、とっても嬉しいはずです。

一方、あまり褒める人の技量や才能に関係ないことも沢山あります。たとえば「そのスーツお似合いですね」とか「素適なドレスですね」といったようなことは、誰に褒められても嬉しく感じるものです。

●心から相手の美点を認め言葉にする度量を

褒めるのが難しいもう一つの理由は、私たちが使う褒め言葉の中に、どうしてもお世辞や煽《おだ》てが入ることです。

「豚も煽てりゃ、木に登る」という変な言葉（諺ではありません）がありますが、褒められた相手は、たとえ一瞬でも、そんな疑念の一つは持つものです。

お世辞も煽てても、褒め言葉の一種で悪いことではありませんし、人を育てるためには、煽てることも大切な教育方法の一つですが、多い少ないは別にして、評価すべき対象をはっきり認めて褒めるかどうかで、相手への伝わり方が違ってきます。

心に、称賛に値する事実が何もなくて発するお世辞や煽て言葉は、意図的にその人に気に入られよう、取り入ろうとする下心が相手に伝わるもの。やたらに褒め言葉を使う人は、見え透いていて信用を失います。

その一方で、自尊心の高い、自我の強い人の中には、人を褒めることをほとんどしない人がいます。すべて自分よりレベルが下に思えるのか、あるいは、褒めたらその人が育たない、堕落するとでも考えているのでしょうか。

いずれにしても、褒めるということは、それほど簡単なものではありません。だからこそ、相手の長所、美点を逸早く見出して、素直に褒めるということが出来れば、人間関係を時には一挙に良くし、深めるのに大変効果的なものです。

それだけ、自尊心の塊である私たちは、他人の長所を認め、称賛することに抵抗があり、逆に、それを行なえる人間の度量を高く評価するということなのです。

5 我を張るな、意地を張るな

●喧嘩のモトはすべて〝我〟と〝意地〟

この世の中、国家も個人も、紛争とか喧嘩のほとんどは、我の張り合い、意地の張り合いです。最初は大したことのないことが〝我〟と〝意地〟の張り合いで大喧嘩に発展します。

「○○さんは××県出身だそうですね」
「いや、あの人は△△県出身ですよ」

「そうじゃありません、××県出身です」

「何を言ってるんですか、私はあの人から聞いたんですよ」

「冗談じゃない、私が嘘を言ってるっていうんですか――」

といった具合に、こんなたわいのないことでも、自分の信じていることを相手に押し付けようとすると、それが紛争になり、喧嘩になってゆきます。何県出身かなど、それほど重要なことでは無いようですが、当人同士にとっては、ここで引き下がる訳にはいかないとばかり、次第に興奮してきて、大きな声を出し、怒鳴り合うようになる。これが喧嘩の実態です。

難しいことかも知れませんが、こうならないために、次のような点に注意してみたらどうでしょうか。

●全否定しない、追い討ちをかけない

第一は、相手の意見を全面否定する言い方をしないことです。たとえば、

「××じゃなく、○○ですよ」という言い方でなく、

「××ですか、○○とも聞きましたが…」

といった感じで返すやり方です。


第二は、追い討ちを掛けるように余計なことを言って、相手を苛立たせないことです。たとえば夫婦のあいだでも、

「あなた、○○の電気が点けっ放しだったわよ。いつもあなたは点けっ放しなのよ、少しは注意して」と言うと、

「お前だって…」と言い返したくなって、喧嘩に発展してしまいます。

注意するときは、そのことだけに限定するようにして、余計なことは言わないことです。このことは、上司が部下を注意するときや、親が子供を叱るときも同じです。

第三に、もし言い合いになったら、

(1) 相手が興奮したら、そのぶん冷静になるよう努める。そのためには声を低くする

(2) この話し合いは何が目的だったのか、何を話し合おうとしていたのかを考え、話の原点に立ち戻る

(3) 少し黙って冷却時間をつくる。相手がそれでも追及の手を緩めなかったら、「この話は一旦ここで打ち切って、後でまたやりましょう」と、仕切り直す

私たち人間の日常の幸せにとって、つまらない目先の〝我〟や〝意地〟は、百害あって一利なし、と心得ておきましょう。

6 楽しい「会話の技術」を身につけよう

会話はお付き合いの基本です。でも、会話をしていくうちに、次第に不愉快になってくる、話をしたくなくなる、といった経験はありませんか。

難しい仕事の話や交渉上の話ならともかく、友人、知人と話しているのに不愉快になるというのは残念なことです。ゴルフをやったり、テニスをしたり、食事をしたり、といったことも、楽しい会話があってこそです。

では、楽しく会話をすすめるには、どんなことにお互い注意すればいいのでしょうか。

●独占しない、横取りしない

その人が話に加わったとたん、話を独占し、自分の話ばかりする人がいます。このような人は「会話とは、他の人の話を聞くことではなく、自分の話をすること」と誤解しているようです。

会話とはキャッチボールです。相手の話を聞くと同時に、こちらの話を聞いてもらい、話し合ううちに話題が広がり、知的興味が高まって、楽しい気持ちになる、心が和む、幸せを感じる、ということではないでしょうか。

座を独占しないまでも、自分にも似た経験などがあると話の途中なのにすぐ人の話を横取りして、自分のことを話し出す人も要注意です。これは、どうやら中年女性に多いような気がします。

悪気はないのでしょうが、その場の話の流れや、話している人の気持を考えていないためにそうなるので、やはり人の話を聞いていない、ということになります。

●寡黙は努力で直せる

反対に、非常に無口な人がいて、会合に出てもほとんど喋らない人がいます。また個人同士で話しても、自分からはほとんど発言しない、喋らない人もいますが、このような人も自然と座を白けさせ、周りから疎んじられるようになります。

寡黙というのは、持って生まれた性格や、育った生活環境、体験など、いろいろな原因があるのでしょうが、非常にマイナス要素です。是非、寡黙を脱して、楽しい会話に加われるよう努力すべきです。

「昔は皆と喋れなかったが、努力して楽しく会話できるようになった」

という人は沢山います。

会話に加わるには、たしかに知識や話題などいろんな要素がかかわっていますが、一番単純で簡単なのは、話している相手の話を一所懸命よく聞くことです。きっとそこに、質問したいことや自分にも関連したことを発見するはずです。

お互いに喋るから会話や会議が成立するのであって、喋らなければ会話にも会議にもなりません。饒舌も人から嫌われますが、寡黙も人から疎んじられます。

自分がその気になり、努力すれば、饒舌な人も寡黙な人も、そんな性格を打ち破ることができます。

●暗い話や人が嫌がる話は止めよう

また、不幸な話、グチ話、人の悪口なども、人の気持を暗くするので、会話が弾むというわけには、とてもいきません。

もっとも、会話はすべて楽しい話ばかりではありません。人の苦しい胸の内も聞いて、その人のストレスや心の負担を少しでも軽くしてあげることも大事ですし、逆に自分がそうして軽減してもらうことが必要なときもあるでしょう。

しかし、毎度会うごとに、同じような暗い話ばかりしていては嫌がられます。

「あの人の話は暗い話ばかり、何か他に楽しい話題はないのかしら」

ということになります。

こういう人は、性格もあるでしょうが、むしろ持っている情報が少ない、友人・知人が少なく、限られた人としか交際がない、趣味がない、といったことが原因しているようです。また、我儘な性格の人にも、こういう傾向があるようです。

自分の悩みを打ち明けて聞いてもらうことも時には大切ですが、お互いに、会話は基本的に明るく楽しいものにするよう心掛けたいものです。

●つい同じ話をしていないか

年輩の人に多いようですが、若いときの体験談など、会うたびごとに同じような話をすることはないでしょうか。

経験談ばかりでなく、ある特定の人の話であったり、何かの事件などにからんだ自説などの場合もあるでしょう。そうした同じ話をいつも繰り返すのは、聞き苦しいものです。「ああ、またあの話か」と思われているはずです。仲間の間でもそのことが話のネタになっているかもしれません。そうなると、人の心はあなたから去っていきます。

他人の話をよく聞くのと同じように、自分の話も、ダブリや繰り返しばかりでしつこくないか、同じ話を同じ相手に何度もしていないかなど、第三者的、客観的にチェックする目を是非とも持ちたいものです。

●自慢話は人を遠ざける

前の項でも採り上げましたが、人間は自尊心、嫉妬心の塊ですから、他人の自慢話を聞くのは本質的に嫌いです。でも、反対に、人間は自分の自慢話は人に聞かせたいものです。

「このあいだ預金を下ろそうとしたら、銀行の支店長がすっ飛んで来て〝一遍にそんな大金を下ろされたら困ります。月々一、〇〇〇万円くらいずつにしてください〟と言って来たよ」

というような話をする人がいます。これも、自分が億単位の銀行預金がある金持であることを言いたい自慢話です。そうかと思えば、有名人の話になると、ほとんど自分の友人か知人であるかのような話をする人がいます。有名な料理屋、レストランの話になると、これまた自分が常連で知り合いのように言う人もいます。

これらも、自分の顔の広さを自慢したい色気がみえみえです。聞くほうの立場にちょっと立てば分かるように、こういう人たちは、あまり人から好かれません。これがまた、いつもいつも繰り返されるとなると、たまったものではありません。

人間、自分の話が自慢気になりそうになったら、意識してグッと抑えることです。自慢話は控え目にしておくのが賢明です。

●見栄を張らず普段着の自分でいこう

友人、知人と話をするときまで、いつもよそ行きの態度で話をしていませんか。見栄を張った会話や、自分の欠点や不具合を隠す取り繕った話は、すぐ相手にも伝わり、見苦しいものです。

よそ行きの会話を続けている限り、相手も鎧《よろい》を着て話します。だから心を許し合う信頼関係はできません。馬鹿になることです。馬鹿は可愛がられます。お利口さんは嫌われます。

普段着の自分が本当は一番美しい、ということに気づくことが大切です。そこから友情が生まれ、親しい友人が増えていくのです。

●タイミングのよい冗談やウイットを

会話を楽しくするためには、会話の中に、ウイットや冗談話をタイミングよく入れることが必要です。

上手な冗談でなくても、会話や会議に真面目に参加している人のものであるなら、きっと皆の心を和らげるはず。

タイミングのよい冗談とかウイットというのは、常に会話を楽しくしようという心掛けの中に生まれてくるものです。会話を充実したものにするのも、これまた、何げない努力です。

ただ注意したいのは、参加者によっては、冗談が冗談でなく、きつい皮肉や非難になることが時にあることです。その場の話題が相手を傷つけたり、不愉快な気持にさせることが往々にしてあることだけは、心にとどめておく必要があります。

●話を盛り上げる聞き役になろう

会話は、こちらだけが楽しんでも、相手も気分よく過ごせなければ、楽しくはありません。そのためには、先にも述べましたが、相手の話をよく聞いて、相手を自然と楽しい会話に誘い込んで行くような聞き上手になることが大切です。

人間というのは、相手方の反応によって、気分はさまざまに変化するものです。相手方が気持よい反応を示してくれればより楽しくなるし、反応が悪ければ気持が滅入ります。

会話の楽しさは、喋ること自体よりも、それによる相手の反応によるところが大なのです。

ということは、話し上手であることよりも、聞き上手になることが会話を楽しくさせ、相手に好感を持たせる秘訣かも知れません。

聞き上手といっても、ただ聞いていればよいのではなく、相手の話を盛り上げるような聞き方が必要です。

タイミングよく相槌を打つ、適切な質問をする、適宜、自分の思いも吐露する、等々が必要なのです。

分かり切った質問をことさらにする人がいますが、これは話の腰を折り、相手に対して失礼です。質問形式をとれば熱心な聞き手と見てくれると思っているのかも知れませんが、これは間違いです。

相手の心を開かせ、盛り上げて、楽しくしていくような聞き上手になりたいものです。

●心の芯を揺さぶる〝話のサーブ〟を

時には、お互いにハッとするような、心に響く、気持ちが引き締まるような会話も必要です。「あの人はそんな考え方を持っていたのだ」「そんな経験があったんだ」というような、心に残る会話がそれです。

夫婦間でも親子間でも、また友人間でも、本当に心の芯に触れるような話し合いをしたことがあるでしょうか。

考えてみれば、意外に少ないはずです。

心の芯を揺さぶるような話の〝サーブ〟を相手に打ち込んで、もう一段深く知りあうことができれば、お互いの絆は一層強くなります。お互いの信頼感は大きく高まることになるのです。

3章

ものの見方・考え方は適切ですか

1 欲望という引力に負けていないか

●品性は隠しても言動に表われる

人間は言葉遣いや態度、行動がなぜ大事なのでしょう。それは、人間の品性がそこに表われるからです。

品性の下劣な人は、その言動が周りの人に不快感を与えていても、まったく自覚のない、困った人たちです。

たとえば、ところ構わず大声で喋る、下品な話をする、人を足ざまに言う、あるいはまた、ゴミなどを平気でポイ捨てする。このような人たちは、小さいときの育ち方、環境にもよるのでしょうが、むしろ成人になっても自分本位の生き方しかできず、ほとんど自己反省・自己改革なく生きて来た人たちだと思います。

品性というのは、なにも上品で丁寧な言葉を使うとか、品のある行動や態度をとるということではありません。他人に対する心配りがなければ、どんなに上品な言葉を使い、上品そうな行動をとっても、すぐに本性は表われるものです。

それは、酔ったときやトラブルが発生したとき、エキサイトしたときなどに如実に表われます。品性の高い人は、そういうときでも大きく乱れたり、粗暴になったりすることはありません。

どんなに財産があり地位が高くても、品性の卑しい人は、決して尊敬され、好意をもって迎えられることはありません。世の中を楽しく幸せに生きていくためには、品性というのは最も大切な要素の一つなのです。

●地位のある人ほど自分本位になりがち

世の中には、「どうしてああも自分本位なのか」と思えるような人がいるものです。

常に自分中心にしか物事を考えられないタイプの人ですが、大体こういう人は、役職や地位の高い、お金持ちの人に多いものです。おそらく、自分だけにはそれが許される、周りが承認してくれている、という甘えがそうさせるのでしょう。

すべてが自分本位・自分勝手ですから、自分にマイナスにならない範囲では機嫌もよく、気前もいい。でも、ちょっとでも自分の思い通りにならないと、とたんに御機嫌が悪くなる。自分の言動が他の人に迷惑を掛けても意に介さず、たとえば、自分でスケジュールや時間を決めても、自分の都合で無視する、平気で遅刻する、しかし他の人が遅刻するとカンカンに怒る、といったように、誠に自分勝手な人たちです。

ふつう、そんな人だったら、誰も相手にしなくなるでしょうが、そこは地位と財産があるがために、取り巻きの人たちが止むを得ずお付き合いしているのです。つまり、本人もそれをちゃんと読んでいるというわけです。

こういう人たちは、自己弁護はしても、自己反省ということをほとんどしませんから、病気になるか、環境が激変しない限り、この我儘状態は続きます。また、こういう人たちは、夫婦仲もあまり良くなく、親子・兄弟関係もギクシャクしている人が多いようです。

当然ながら、取り巻きは沢山いても、親友はいません。チップとかお手当とかをバラまいて人をつなぎ止め、利益と関心を買うことになります。そして、「金の切れ目が縁の切れ目」になるのです。

●欲望の引力に負けないブレーキを

どうしてこういう話をするかというと、人間は常に自己反省・自己改革して、自制心というブレーキを持っていないと、限りなく堕落し、我儘になるからです。

私たちは絶えず「欲望」という引力に、強力に引かれています。この欲望は、年齢とか環境とかによって種類・強弱は違いますが、大体次のようなものです。

・美味しいものを沢山食べたい（食欲）
・美しい素的な異性と一緒にいたい、肌を合わせたい（性欲）
・高価な品物を身に付けたり所持したい、豪華な家に住みたい（物欲）

・お金を沢山に持ちたい（金銭欲）
・有名になって皆に崇められたい（名誉欲、権威欲）
・人を支配し、使役したい（権力欲、支配欲）

そのほかにも、酒や麻薬のような嗜好品に対する欲望から、賭事（ギャンブル）に対する欲望まで、それこそ数限りない欲望が、四六時中、私たちを誘惑し続けています。

だから、自制心というブレーキがないと、この欲望という引力に引っぱられて、欲望の泥沼に引きずり込まれてしまうのです。

もっとも、この世の中の人間全部が自制心というブレーキにきちんとコントロールされていたとしたら、それこそ小説になるような題材も生まれず、すばらしい芸術も生まれないことでしょう。欲望という泥沼があり、そこに溺れる人、危うく助かる人がいるからこそ、花も実もある社会が生まれるのかも知れません。

とはいっても、私たちは、欲望という引力に負けて泥沼に溺れるわけにはいきません。押し寄せる欲望に負けないためには、自制心というブレーキを常に整備して、タイミングよく働かすことが、幸せに生きる上で大切なことではないでしょうか。

2 ケチな根性になっていないか

●ケチに友人はできない

よく、タクシーに乗るときは一番遅れて後から乗り、降りるときは一番早く降りて、後から降りる人にタクシー代を払わせる。レストランでは、食べ終わる頃になるといつもトイレかどこかに行っていなくなり、人に代金を払わせる。そんな、落語に出てきそうな人が現実にいるものです。

ケチもこうなると、人に嫌われます。

ケチを辞典で引くと「金銭や品物を惜しがって出さないこと、またそのような人」とある。ケチは決して悪いことではないと思いますが、人付き合いにおいては、決して良いことではありません。

先の例のような人は特別としても、御馳走になっても一度もお返しをしたことがないとか、品物を貰っても返したことがない、中には、御礼の電話をしない、礼状も書かない、というような人がいます。

このような人は、仮にほかで一所懸命やったとしても、いずれ人から嫌われるようになります。

これは、お金の余裕がないとか、金銭的に苦しいといったこととは別のことです。人付き合いにおいて、ケチでは友人はできません。ケチは家計や商取引において実行されるべきであって、人付き合いでのケチは、友人関係を損なうモトです。

もっとも、やたらに人に御馳走をする、物品を贈るというのも、それが途切れたときのリアクションが大きいとか、ついその見返りを求めたりすることで、友人関係を損なうことになりかねません。しかし、何度か御馳走になったら一度はお返しするとか、最低、割勘定にするとかは、お付き合いの礼儀として心得ておきたいものです。

そして日常のマナーとして、他の人に親切にされたり、品物を頂いたり御馳走になったり、何か厄介になったりしたら、御礼の電話をするか、手紙を出すといったことは心掛けるべきです。

●後回しにするのは失敗のモト

よく電話を掛けよう掛けようと思って忘れてしまうとか、手紙を出そうと思って忘れてしまうという人は、まずそれは大人の行為として許されない、ということを強く自分に言い聞かせておくことです。

つい私たちは、嫌なことやわずらわしいこと、気の重いことは後回しにしがちですが、それが失敗のモトです。

　むしろ、嫌なことは一番初めにやらなければいけません。為政者が天下のことを〝人よりも先に憂え、人よりも後れて楽しむ〟ことという意味の、「先憂後楽」という言葉がありますが、私はこれを〝楽しいことや楽なことは後廻しにしなさい、苦しいことや嫌なことは先にやりなさい〟という意味として受けとめています。

　毎日、いろいろなことが発生し、順に一つずつその処理をしなければならないとき、むしろ気の重いことを優先して、きちんきちんとその日のことを処理・整理していくということは、生活にけじめをつけ、リズムをつけるうえでも大切なことです。

3 金銭の借し貸りなど負担をかけ合っていないか

普段、親しいと思っていた友人でも、自分が何かで失敗して落ち目になったり、病気になったりすると、パッタリと付き合いが遠ざかる人がいます。友人というのは楽しいときだけの友人なのでしょうか。相手が苦境に立っているときに励まし、心の支えになってあげてこそ友人です。

●金銭貸借は百年の友情も壊す

ただし、お金を支援するということは別です。お金の貸し借りは、友人を失わせます。

通常、マンションを購入するためや家を建てるために、金融機関や親などからお金を借りるということは誰にもあることです。クルマなどの耐久消費財等の購入でローンを組む、ということもあるでしょう。

しかし、リスクの伴う事業資金など、仕事上のお金を友人間で貸し借りするのは絶対に避けるべきです。これは個人保証も同様です。個人保証のほとんどは連帯保証で、これは借金の当事者に代わって返済を迫られても文句を言えない、という性格のものです。

ましてや、家計の不足、遊興費、高級奢侈品の購入などのために、個人的にお金を借りるということは絶対やってはならないことです。なぜなら、そういう借金自体、すでに生活が乱れ、生活設計が破綻していることを示しているからです。そんな生活姿勢では、とうてい借りた金を返せる状況にはなり得ません。

人間というものは、借りた時点では返せると思い、また必ず返そうと考えています。しかし、一旦借りて使ったお金は、なかなか返せないもの。借金は、借りるのは易く(?)、返すのは非常に難しいもの。ましてや、遊んだカネは返せないものです。

借りるときは、相手の顔が神にも仏にも見えますが、返済期が来て返せないとなると、友人の顔が無慈悲な取り立て屋の顔になってしまいます。

逆恨みもいいところで、百年の友情も崩壊してしまうのです。したがって、友人、知人に頼まれてお金を貸したり借入れの保証人になってしまったら、もうその時点から、友人関係は終わりと覚悟すべきです。

もし、友人関係を以後も維持しようと考えるなら、思い切って「返済期限なしのあるとき払い」にしてしまうことです。それはもう貸金ではなく、贈与金だと考えるのです。

そんな余裕がないなら、「私にはそれだけの金額を貸すゆとりはないけど、何かの足しにして欲しい」と、返済無用の金を少額渡して、帰ってもらうかです。

●どんな気軽な頼みごとも相手には負担

言いかえれば、友人間では、無理なこと・難儀なことは頼むな、ということです。

親しい間柄だと、つい気軽に考えていろいろなことを頼みがちですが、頼まれるほうの身になってみることです。どんなに気軽な頼みでも、厄介で気の重いことが沢山あります。

人を紹介してほしい、就職を頼んでほしい、入学を推薦してほしい…等々、そのほうの専門家ならいいとしても、単に顔が広いからといったことで頼まれると、受けるほうは気が重いものです。

むげに断わるわけにもいかず、といって、引き受けた以上、何もしないわけにもいかない。また尽力しても、結果が思わしくないと心の負担になる。頼んだほうは、口では「いいよ、いいよ」と言うけれど、「頼み甲斐のない人だ」と思われているんじゃないかと考えると、心は重くなるばかりです。

だから、もしも頼みごとをするのであれば、そういう相手の負担を十二分に考えたうえで、事前にざっくばらんに話し合って、可能な限り、相手に負担にならないよう心掛けることです。

4 余計なお節介を焼いていないか

●夫婦喧嘩はやはり犬も喰わない

夫婦というのは他人同士の結合ですから、結婚当初はアツアツでうまくいっても、時間が経ってお互いにアラが見え始めると、つい相手の欠点を遠慮なく指摘するようになります。夫婦喧嘩が絶えなくなり、これが進むと、別居、離婚へと発展してゆきます。

こういうケースで仲裁を頼まれたり、相談を受けることがありますが、これには深く立ち入らないことです。

不味いドッグフードではないけれど、「夫婦喧嘩は犬も喰わない」という言葉もあるとおり、仮に相談には乗っても、仲裁には入らないことです。えてして一方の話だけを聞くことになりがちですが、一方の話を聞いただけでは本当の事情は分からないし、お互いにそれぞれ言い分があって、どちらに味方しても恨まれることになりがちです。

友人間のトラブルも同様で、複雑なケースほど介入しないほうがベターです。余計なお節介は禁物です。

●おいしい話は逆の目が出ることも

世の中には大変お節介好きの人がいて、なんでも他人のことに干渉し、口出ししたがる人がいますが、最初は有難がられたとしても、次第にうるさがられるようになります。

結婚話にしても、自分はいいことをしていると信じていても、先方では迷惑だと感じることも多いものです。どうしても、と頼まれた場合は別にして、頼まれもしない余計なことは、世話を焼かないほうが賢明です。

同様に、証券会社や会員権売買、いろいろな物品販売のセールスマンなどを、やたらと紹介する人がいますが、これも考えものです。おいしい話を他の人にも、ということなのか、セールスマンへのサービスなのかわかりませんが、どちらにしろ、たとえそのときは有利な話だったとしても、状況、環境が変わって、まったく逆の目になることもあります。万一損害でも与えたら、ずっと恨まれることになります。それこそ友人が離れていくモトです。

5 付き合う相手を正しく選んでいるか

●人間は四タイプに分かれる

すべての人と仲良くする、すべての人と友人になる、ということはおよそ不可能です。

性格の良い人もあれば悪い人もいる。自分の性格や考え方に、どうしても合わない人もいる。また、親切そうな態度だが、なんとか取り入って儲けようと考えている悪い人間もいます。

よくよく観察すると、概ね次の四つのグループに分けることができます。

(1) 親しく心許せる友人として交際できる人
(2) 交際してもある程度のところまでの人
(3) 交際は表面だけの人
(4) 交際しないほうがよいと思われる人

この四つをよく見極め、選別することが大切です。表面は実に紳士のようでも心は邪鬼のような悪人も、この世の中には沢山いるからです。

●〝相手の親切〟に疑問な点はないか

人の評価というものは実に難しいものです。自分にしっかりした評価の基準があり、しかも、ある程度付き合う期間がないと判定できないものです。

私たち人間というのは、親切にされる、褒《ほ》められる、丁重に扱われる、楽しい遊びに誘われる…等々、自尊心を満足させてくれたり、欲望を満たしてくれる人に対しては、自然と好意を持つものです。

しかし、さしたる理由もなく自分を満足させてくれる人というのは、えてして、他に何か目的があり、御利益にあずかろうという魂胆のある人と考えて間違いありません。

では、こういう〝人を利用しよう〟という人たちを避けて、ほんとうに自分のためになる人を上手に選んでお付き合いをするには、どういう点に注意したらよいでしょうか。

まず第一に、「なぜあの人はここまで親切にしてくれるのか」という疑問がチラッとでもあるかどうかです。少しでもあれば、要注意です。この世の中は、ただ好意があるから（たとえば恋人だから）では済まされないことが多いのです。

老人がよく騙されるのは、こういう疑う気持が少ないこと、そして騙された経験がないことが一つの原因です。

もちろん、世の中には素晴らしい、良い人も沢山いますが、一方で、善人のような顔をして、「ナゼ私に…?」という疑問があっても、実に巧みな理由づけをして信用させ、近づいてくる人たちも沢山います。

自分の役に立つ人というのは、先方から近づいてくるケースは少ないはずです。先方から積極的に近づいてくる人は、まず要警戒の人が多い、と思って間違いないと思います。

●心から楽しさを与えてくれる人か

第二のポイントは、お付き合いして心から楽しい人かどうかです。

人生は一度しかありません。お付き合いする人によって、人生は大きく変わります。楽しい有益な人と付き合えば、人生は楽しく有意義になるし、暗い人や、話をしても少しも楽しくない人と交際すれば、人生は暗く無意味なものになってしまいます。

お付き合いして心から楽しい人というのを、一口で言うのは難しいことですが、それは、お喋りの量などではないと思います。

何かいつも教えられる考え方の基本や、広い教養、あるいは筋の通った誠実さ、といったものを持った人です。そういう良い人（心のきれいな人、性格の良い人、心の支えになる人、明るく楽しい人）と親しく人生を付き合うことができれば、きっと充実した人生になることでしょう。

心から信頼できる良い友人、知人をどれくらい持っているかは、お金に換算できない貴重な財産です。

●一人と親しくなったら、その輪を広げよう

素晴らしい知己を増やすという意味で、付き合いの輪を広げるということ

は、大事なことです。

ごく身近な側でいえば、当人と親しくなったら、その奥さん、あるいは旦那さんとも親しくなることです。一人と知り合いになったら、その周囲の人たちとも親しくなる努力をすることが大切です。

人生は出会いで決まります。多くの人と出会い、素的なお付き合いを増やすためには、その機会を広げることです。

一方で、人間は自尊心、嫉妬心の塊です。夫婦の間でも、それぞれの友人が夫婦双方の顔見知りでないお付き合いのままだと、私を無視しているのではないか、などと思いがちです。

たとえば、奥さん同士が知り合いで、奥さんの留守中に自宅に電話がかかったところ、御主人が出て、

「今うちのやつは出ています。いつ帰るか分かりませんから、また電話してください」

と、ぶっきらぼうに電話を切られてしまったら、その友人はどう思うでしょうか。

もしそのとき御主人が、

「ああ、○○さんですか、いつも大変お世話になっています。あいにく、いま外出しておりまして夕方には帰ると思いますが、こちらからお電話させましょうか。電話番号は分かっておりますか？」

といった対応だったら、相手の奥さんは、きっとこの御主人に好感を持つことでしょう。この次に奥さん同士が顔を会わせたら、この奥さんは、

「この間は失礼しました。よろしく御主人にお伝えください」

と言うかも知れません。

私たちは、ついつい当人同士だけ親しくなるということをやりがちですが、会社なら上司、同僚、部下など、個人の家庭でも、奥さん、旦那さん、ご両親、兄弟の方、子供さん、その友人等々、沢山のつながりがあります。

その人たちを大事にすることによって、親しい人の輪がどんどん広がっていくのです。

●時間を先取りする計画性をもって

仕事も個人的な付き合いも、計画性が大事です。思いつきや行き当たりばったり、あるいは他人任せだと、せっかくの機会を逸する結果になります。

時間は限られています。あらかじめ予定を立てて行動することによって、相手の都合と自分の都合を合わせることができ、お互いのベストのタイミングを選ぶことが可能になるのです。

具体的には、思いついて急に日を決めるのではなく、一か月か二か月くらい前に、仮置きでよいから、会う日、場所、時間等を決めておきます。そうすれば、他の予定とぶつかるのを避けることができ、準備もでき、予算も立てやすくなって、楽しみも増します。

お付き合いも、最終的には「時間」に支配されます。

どんなに重要な会合でも、また会いたい相手でも、時間が合わなければ何にもなりません。時間の都合がつかずについつい疎遠になってしまった、という例も沢山あります。

もしスケジュールがタイトで、無理に時間を調整したというような場合には、調整したほうも、させたほうも、そのことが気持の負担になって、決してうまくいかないものです。

楽しい良い結果を生むためにも、行き当たりばったりはやめましょう。ま

た、スケジュールは人任せにせず、積極的に、むしろ自分のペースで進める
くらいのほうが、ベストの結果を生むと、心得ておきましょう。

4章

すべては「思いやり」の心

1 自分一人だけが幸福にはなれない

孔子が弟子に、「人間で一番大切なことは何か」と問われて、「恕《じょ》」、つまり、思いやりだ、と答えたと言われています。そこにこそすべてが凝縮されているということなのでしょう。

●人を不幸にする者は自分も不幸にする

自分一人だけ金持ちになって、したい放題なことをしたい、幸福な生活をしたい、そんな思いに駆られる人がいます。また実際、そのような生活をしている人もいます。しかし、本当にその人は幸福といえるのでしょうか。

このような考え方で仕事をし、生活をしている人は、一方で多くの人に犠牲を強いる結果になっています。気に食わない人間は退ける、人から搾取する、嫌いなことは受け付けない、人に対する思いやりなどない、自分が損をすることはやらない——等々の行動となって表われているはずです。

その結果はというと、甘い汁にありつこうとするお気に入りの取り巻きだけが集まり、優秀な人たちは遠ざかって行きます。そして本人は自己満足の世界をさすらい、ほんとうは満たされない寂しい人生に落ちて行くのです。

人を不幸にして自分だけ幸福になるというようなことは、絶対にあり得るはずがありません。一時的にはあり得ても、永くは続かず、必ずといってよいほど、人の裏切りに遭い、事業等が破綻し、病魔に襲われ、孤独にさいなまれ…といったことになります。幾多の歴史がそれを証明しています。

他人を不幸にする者は、自分も不幸にするものです。私たちは、周りの人たちを少しでも幸福にしようと努力することによってはじめて、自分も幸せになれる、ということを忘れないことです。

●周りに支えられ、生かされてこそ

私たちは、勝負に勝ったり成果を上げたりすると、それは自分の実力で獲得したと思いがちです。仕事でも、成績が上がると、つい自分の手腕だと思ってしまいます。しかし、一人の力というのは、一面では確かに偉大ではありますが、所詮たかが知れています。大半が周りの力に助けられ、支えられてのものと思って間違いありません。

〝運も実力のうち〟と言われるように、まったくの〝棚ぼた運〟のようなことはまずなく、努力に努力を重ねているからこそ、運に恵まれるというのは確かです。努力していない人には運が来ないのではなく、来ても捕えることができないのです。

運といえば幸運ばかりを考えがちですが、悪運を断つということも、幸運をつかむことと同じくらい重要です。悪い友人・取引先と縁を切る、タチの悪い夫と別れる、というように、悪い因縁を断つのも運の一つです。そして、こうした運の善し悪しも、よく考えてみれば、自分一人の力ではなく、周りの人に助けられての結果であることに気づきます。

たとえば、チームが優勝という栄誉を勝ち得たのも、良い監督に巡り合えたこと、良い同僚選手に巡り合えたこと、良い組み合わせに巡り合えたこと、天気も味方してくれたこと、もっと遡って考えれば、両親に生を受けたこと、学校その他の理解があったこと…等々、無限に広がります。

何事も成果は自分一人では得られない、皆の協力、援助があってこそです。

企業活動でも、株主はじめ下請・協力工場、取引先、顧客、従業員、そして優秀な幹部がいてこそできるのです。

〝当たり前〟が一番ありがたい

日常つい、当たり前のことを疎かにし、軽く見てしまう傾向はないでしょうか。しかし実をいうと、この空気のような、当たり前のことが一番大事なことなのです。

アメリカとカナダで大停電が起こり、地下鉄が止まり、電気製品が使えなくなる、という事故がありました。冷凍・冷蔵食品が腐る、水が出ない、水洗トイレが使えない、電話も掛かりにくい、といったさまざまな生活上の問題がドッと起こりました。

私のような戦前生まれの者は、かつては家庭用電気製品といえばラジオと扇風機しか知りませんでした。一部には電気掃除機みたいなものが外国製品であったかも知れませんが、今日みたいにどこの家にもテレビ、冷蔵庫、洗濯機、クーラーなどがあって、何でも電気に頼るような生活とは程遠いものでした。

そして五、六十年前までは、蚊帳を吊り、団扇《うちわ》で扇ぎながら寝る。ご飯は薪で、洗濯は盥《たらい》と洗濯板、掃除はすべて箒《ほうき》とチリ取り、そしてニュースや娯楽はラジオや活動写真（映画）、といった生活でした。それが、電気製品のお陰で生活が一変したわけです。

確かに生活は豊かになり、家にいながら好きな物が食べられ、好きな娯楽が楽しめるようになりました。それが当たり前の生活になってしまっているのです。

しかし、巨大地震や巨大台風のような災害に襲われたときに初めて、電気のありがたさ、ガス・水道のありがたさ、交通機関のありがたさを知ることになるのです。日常当たり前に行なわれていることが、こんなにありがたいものだったのかを思い知るのです。

電気、ガス、水道、交通機関ばかりではありません。家庭生活においても、仕事上においても、周りにあって当たり前のようにして自分を支えてくれているものに、もっと目を向ける必要があるのではないでしょうか。そして、もっと周りに感謝する気持を持たなければならないと思うのですが、如何でしょうか。

2 関心のないところに〝問題〟は起きる

●「思いやり」は挨拶に始まる

挨拶とは、その人に対する関心であり、つまりは、思いやりです。したがって、いつも顔を合わせているのに挨拶をしない、無視するというのは、その人に対する関心がない、思いやりがない、愛情がない、ということです。あるいは、その人に敵意や憎しみを持っているかでしょう。

人間は相手の人に関心、好意、思いやり、愛情があれば、自然と声を掛ける気持が出てくるものです。気持があってもそれができない、という人がいるのなら、その気持はニセ物ということでしょう。

普通は、少しでも顔見知りなら通常の挨拶を交わしますし、仲間として一所懸命働いている人たちには「ありがとう」「ご苦労さま」というような言葉が出てくるのが、人間の気持のはずです。

●人を傷つけても自分の幸せを？

しかし残念なことに、そんな気持を持つ人がどんどん少なくなってきたのでしょうか、「ご苦労さま」「ありがとう」という言葉をほとんど聞かなくなりました。

その一方で、会議室や食堂を使っても椅子を出しっ放し、トイレを使っても綺麗に流さない、紙を散らかしっ放しにする、公の場所を使っても後片付けをしない、挙げ句の果てには、信号待ちで車の中の灰皿を路上に開ける、ゴミを不法投棄する、といった人たちが増えています。

こういう人たちは、後の人たちのことを考えない、〝思いやり〟という気持に欠けた人々なのです。「自分だけが良ければいい」という驚くべき自己中心主義で、他の人がどんな不愉快な感じを受けようと、そんなことは知ったことではない、そんなことは自分の幸せとはまったく関係がない、という悲しい誤解をしているのです。

このような人は不幸にも、思いやりのない家庭や教育で育ったというケースが多いと思われますが、こうした姿勢は、自分が楽しく生きていくためには、人を傷つけても、極端には殺してもいい、という考えにつながるもので、大変恐ろしいことです。

集団生活をしていく上で〝思いやり〟という優しい心が薄れれば薄れるほど、トラブルが増え、離婚が増え、暴力が増え、犯罪が増え、殺人が増えていくのです。

●すべて生まれ落ちた子供は純真無垢なのに…

生まれた子供はすべて純真で可愛いものです。それが成長して物心つき、大人に近づくにしたがって、いろいろな犯罪を犯し、人を傷つけ、殺すようなことを何故するのでしょうか。

伝説の大泥棒・石川五右衛門の「浜の真砂は尽きるとも世に盗人の…」という辞世の句のように、人間に欲望と感情がある限り犯罪は無くならないという見方もありますが、それをより少なくすることは可能であるはずです。

犯罪者の大半は、受けるべき愛情の不足が何らかの理由となって不法行為に走っていると考えます。それだけに、父母の子供に対する愛情をはじめとして、周囲にいる人々が、一人ひとりの人間に対し、もっと思いやりと関心と愛情を持って接することが一番大切なことではないでしょうか。

3 自分へは〝思いやり〟より〝厳しさ〟

●〝明日ありと思う心の徒桜《あだざくら》…〟の甘えが人を蝕む

親鸞上人が詠んだ有名な歌があります。

「明日ありと思う心の徒桜
　　夜半に嵐の吹かぬものかは」

私たちの心の中には常に〝明日があるから〟という気持があります。今日は駄目でも明日、というような前向きな考え方ならいいのですが、「まだ明日があるんだから、もう一日延ばしたって」という安易な心、怠け心がいつも潜んでいるのが問題です。

心では〝一日でも早くやり終えた方がいい、明日になると何が起こるか分からない〟と思っていても、つい怠惰に流れてしまうものです。それだけ人間は、自分自身には必要以上に〝思いやり〟と〝愛情〟が深いのです。

どうせ行くと上司に叱られるから、医者に見せると、どこどこが悪いと指摘されるのが怖いから、歯が痛いが治療を受けるともっと苦痛を伴うから、と一日延ばしにする心や、面倒さから逃れようとして理由を作り出しては延ばし延ばしにする心が、常に私たちの心の中にあります。人に対しては厳しいことを言うものの、自分に対しては寛大で甘いのが人間です。

でも、これでは、ルーズで怠惰な自分を作るだけ。そして、嫌だ嫌だと思う気持が無用のストレスを高じさせるだけです。嫌なことは早くやったほうが良い結果が出るのです。「案ずるより産むが易し」という通り、余計な心配をしてぐずぐずしているより、一日も早く実行することこそ、成功のカギであり、そういう意志力が自分を強くしていくのです。

●人間は弱いからこそ継続は力になる

「継続は力なり」といわれるように、どんなことでも継続するということは大変なことです。

三日坊主という言葉がありますが、「ヨシ、今日から」と張り切って始めても、数日経つと止めてしまうことが多いものです。何故止めてしまうのか、やはり意志・意欲の問題でしょう。しかし、似たような年齢、環境の人間が長いあいだに能力で差がつくのも、ほとんどは継続する力の差です。

たとえば、煙草を止めようと思っても、匂いをかぐと、灰皿をみると、ライターを手にとると、無性に煙草が吸いたくなり、一本ぐらいいいだろう、などと理屈をつけて吸ったとたん、元の木阿弥になります。人間というのは、みな意志の弱いものです。だからこそ何事も（悪事は別にして）少しでも苦痛や努力、労力が伴うことを継続して行なうということは、大変価値のあることであり、効果はてきめんというわけです。

単に〝継続は力なり〟というだけでなく、継続こそ意志力であり、すべての成功の源泉であり、エネルギーの発露となるのです。

●〝もう一人の自分〟が喝を！

本質的に怠慢で飽きっぽい私たち人間が、初心を貫いて何かを継続して行なうためには、〝もう一人の自分〟に時々、自分自身に喝を入れてもらわなくてはなりません。三日に一度、あるいは一週間に一度、自分に「負けずに続けるぞ！」「こんなことでどうするんだ、なんて情けない人間なんだ！」「もう一度、最初からやり直すぞ！」と、喝を入れ続けるのです。

そのままにしておくと、人間というのは次第に自分に妥協して心が萎え、やる気を失っていくものです。自分にやる気を起こさせるのは、自分自身しかないのです。

●心の中に「標語」を

いくら強そうに見えても、孤独になれば弱いのが人間。周囲の状況に影響を受け、ともすれば流され、自分自身を見失いそうになるのを防ぐためにも、自分の生活信条・信念を持つことが、とても大切なことです。

たとえば、それをいくつかの標語にして、自分だけが持っておくのもいいでしょう。そして、それを常に心の中で繰り返し、実践し、あるいはそれを拡大発展させていくのです。

それは〝心の標語〟でもいいし、自分の叶えたい幾つかの夢や目標でもいいと思います。そういう目的に沿って毎日が過ごせたなら、きっと充実した人生を歩むことができるでしょう。

4 夫婦の間にも思いやりと遠慮を

●壊れて分かる〝赤の他人〟同士

夫婦もお互いに年をとってくると、逆にコミュニケーションがうまくいかなくなることがあります。その理由は、若いときには互いに思いやりがあり、遠慮があったのが、年をとり、結婚生活が長くなるにしたがって、お互いに馴れが生じ、惰性、我儘などがはびこって、遠慮や思いやりの心が欠けてくるためです。

具体的には、配慮する気持が不足してきて、思ったことをストレートに言うとか、言動に細かい気配りが欠け、すべてが大雑把になる、といったことでしょう。その結果、ついつい喧嘩になって、やがて〝冷戦夫婦〟になってしまいます。

どんなに年をとっても、どんなに長く一緒にいても、所詮〝赤の他人〟同士が一緒になったのですから、思いやりと遠慮の心を忘れてはいけません。ついつい、このことを忘れがちですが、壊れてから気づいたのでは手遅れです。縁あって一緒に人生を歩んできたパートナーです。死ぬまで仲良く、いたわりあって暮らしていきたいものです。

●〝もぐら叩き夫婦〟は止めよう

とかく長い付き合いの夫婦の会話は、「これは駄目」「あれはＮＯ」というような〝もぐら叩き〟になりがちです。

叩き合って不愉快な夫婦生活をするよりも、同じことなら楽しい夫婦生活の方がいいに決まっています。

たとえば、亭主の飲みすぎを感じたとき、「今日はもう少し飲んでもいいけど、明日はこの半分にね…」というような言い方だったらどうでしょう。

このようなやり方を私は〝ガーデニング会話〟と名づけました。

苗を育て、美しい花を咲かせるように、少しずつ訓練して良い習慣を身につけていく手法です。

夫婦といっても一個の人間と人間、お互いにとって教育です。駄目、駄目、駄目と頭を叩くやり方よりも、ちょっと大目にみて、少しずつ改善改革に導いて行くやり方の方が、楽しく効果をあげていくのではないでしょうか。

5 〝敵〟も味方にできるか

●教わり方にも技術がある

日本は昔から教育の熱心な国でした。高名な教育者は沢山いましたが、教育者それぞれが個性的な人たちで、教え方もそれぞれが個性的で、どちらかというと、教え方という技術は確立していなかったように思います。

なるほど、個々人の顔が違うように個性は千差万別ですから、精神教育は個性的であるべきかも知れません。しかし技術教育は、早く確実に一定の技術レベルに到達させるために「教え方」という技術が必要だと思います。ところが日本では、戦前はもちろん、戦後もある時期までは、この「教え方」という技術がほとんどありませんでした。

かつては自動車教習所やゴルフ、テニス等のスクールなどに習いに行っても、それぞれ人によって違う教え方をされ、挙げ句の果てには、先生と喧嘩して途中で止めてしまうケースも多かったようです。指導者が自己流のやり方を押しつけ、その人に合った教え方はあまり考慮しない傾向が強かったのです。

教え方の原則である「段階的に、手順を踏んで」「一歩一歩、習得を確認しながら」というやり方をする指導者は少なく、叱ることが一番、という教え方でした。

その後、「教え方」の技術が理解されるようになり、いろいろな分野で

「教え方のマニュアル」や「手順書」がつくられ、技術教育のレベルアップ、時間短縮の成果が上がっています。

ところが昨今は「技術がレベルアップしないのは教え方が悪いからだ」というような考え方が生まれているようです。私は、教え方にも技術があるのと同じように、「教わり方」にも技術がある、と思います。よい成果を上げるためには、良い相関関係をつくることが大切です。

教わり方の技術としては、次のポイントがあります。

(1) 上達目標を持つ(いつまでに、何を、どのように)
(2) それに向けての熱意、意欲を持続する
(3) 教わったことの復習、自己練習、それに対する疑問の発生
(4) 疑問点を指導者に質問し、解明する
(5) 直接教わること以外に、自分なりの不断の研究・研鑽・努力

教わっていればいつか上達する、というような考えでは、上達するはずはありません。教え方以上に、教わり方が重要なのです。

●質問も技術であり、思いやりだ

『質問力』という本がありましたが、的確な質問で、問題点や疑問点を解き明かしていくというのは、立派な技術です。その上手・下手はその人の評価に大きく関係するものです。

よくテレビなどで、政治家や学者、芸能人、スポーツ選手、事件関係者などに質問しているのを見ますが、中には、「なんて下らない質問をするのだろう?」「分かり切ったことをなぜ質問するのだろう?」「どうして心を逆撫でするような質問をするのだろう?」「何であんなかわいそうな質問をするのだろう?」――などと思うことが多々あります。

質問の仕方というのも技術であり、思いやりであり、心です。

質問の目的には、情報を得る、相手の考え方・意見を知る（より深く知る）、次の新たな話題をつくる、相手を喜ばせたり気持を高揚させる、等々がありますが、なかには、犯人の取り調べや複雑な交渉事、あるいは面接試験などで、わざと相手を刺激したり怒らせたりして、本音を引き出すような質問もあるようです。

つまり質問というのは、その目的に応じて、相手の状況を充分考慮して、今どのような質問をしたら一番効果的かを考えてするのがポイントなのです。それだけ質問というのは、相手に対する関心と思いやりの程度によって左右されるということです。

●敵視せず味方にしてしまう力

男には七人の敵がいると言われるように、あらゆる社会は競争に明け暮れています。意識しなくてもライバルという敵は存在し、油断したり努力を怠ればライバルに追い越され、自分の存在価値が薄れて、衰退せざるを得なくなります。

こういう世の中を生き抜いていくには、周りの敵に負けないように日々研鑽努力することが最も大切なことですが、敵を少なくする、できれば敵をも味方にする、ということも大切です。

秀吉が戦国時代、直接的な戦闘だけでなく、さまざまな手を打って、敵を味方に鞍替えさせ、多くの戦いに勝ったことは有名です。敵が敵であるのと、敵が味方になったのとでは、その戦いのやり方、戦力の補強、損失損害の程度など、大変な差が生じます。

敵を敵としていつまでも敵視しないで、この敵を味方にしたらどのくらい自分にとってプラスになるか、を常に考えながら人生を生きてゆくことは、とても大切なことです。

個人の人生においても、憎い憎いと敵視して挨拶もしない、口をきかない、という人間関係をいくつも作る人がいますが、それこそ不幸なことです。頭を切り換えて、敵を味方にするという広い心の持ち方ができれば、もっともっと楽しい人生になるのではないでしょうか。

ただし、敵を味方にする、ということは大変難しいことです。

第一に、自分が相手に評価されるだけの実力がなければならない。

第二に、対立する相手の気持を変えさせるだけの、説得力がなければならない。

第三に、信義を重んじる誠意と、相手に対する真の思いやりがなければならない。

第四に、相手の不平不満を抑える指導力・統率力がなければならない。
少なくとも以上の四つの力と心の持ちようがなければならないからです。

6 やっぱり最後は意志力で決まる

●自分を〝その気〟にさせたら強い！

私たちは、自分はこうしたほうがいい、こうすべきだ、と頭では考えていても、なかなかその通りにはできない弱さを持っています。

いい例が、煙草の害をいくら医者に注意されても、煙草を止められない人が沢山います。煙草の害を充分知っているのに、止めようという意欲が起こらないか、止めようとしても止められないのです（本当は絶対に止めようという強い意志がない）。

人間は、習慣になったものを直す、あるいは、まったく新しいことを始めるということには、大変な意識改革の決意と努力が必要なのです。

保守的で、習慣を変えることの嫌いな私たち人間にとっては、特に自分自身の改革にすぐ反応し、実行に移すことは難しいものです。先生や監督、親といった指導的立場にある人から、「いくらあいつに言っても言うことを聞かない。しょうがない奴だ」といった声をしばしば聞きますが、ある意味では仕方のないことで、自分のありようを変えるということは、それほど単純なことではないのです。

どんなことでも、自分自身が納得し理解して〝よしやろう〟と思わない限り、他人にいくら言われても踏み切れるものではありません。仮に強制されてやらされても、それは本当に実行しているのではなく、厭々仕方がなくやっているだけで、強制がなくなれば止めてしまうことになります。

逆に、自分自身の意志ほど強いものはありません。どうしたらその自発的な意欲を自分の中に起こせるか、また指導者としては、どう動機づけさせるか、が求められるところなのです。

〝駄目モト〟で挑戦しなければ新しい道は開けない

どんな事でも、始めから上手に旨くできる人はいません。あるレベル以上になると、持って生まれた才能や素質が重要な要素になりますが、誰でも真面目に取り組めば、必ず一定の水準までは到達できます。

だから、最初から自分はとてもこの仕事、このスポーツ、この趣味には向かない、などと考えずに、やってみようという気持を持って挑戦してみることです。何事もやってみなければ分かりません。

新しいことに挑戦しなければ、新しい道も開けません。たとえ人に馬鹿にされようが、ナニクソという意志を持って、新しいことに挑戦する意欲を持とうではありませんか。才能がない、などと考えずに「やるだけやってみよう、駄目で元々」という気持を持つことが大切です。そういう挑戦する積極的な気持が、人生を楽しく充実したものにするのではないでしょうか。

●人からエネルギーをもらおう

生き甲斐をもって生きて行くためには、心とエネルギーの発散が必要です。一番いけないのは、何もしないでいることです。家に閉じこもってテレビばかり見てボーッと一日を過ごす、というのでは、人生はますます暗く寂しいものになってしまいます。

人生五十年と言われた時代から、平均寿命が八十年に延びた現在、リタイア後の人生を如何に生きるかということは、若い人も含めて、一生の問題としてよく考えて準備しなければなりません。そのためには、どうしても長期的な視野と取り組みが必要になります。

リタイア後の特徴としては、まず、収入が減り、限られた収入の中で生活しなければならない点が挙げられます。それから、自由な時間が沢山あり、自己規制がないとふしだらな生活になりやすい。また、人と会う機会が急に少なくなり、孤独に陥りやすく、人生目標を失い、精神不安定になりやすい。夫婦の間では、何となく考え方・生き方の相違が明確になり、家庭不和が生じやすい。そして老化が進み、病気やいろいろな障害に悩まされることが多くなる——といったことが挙げられます。

悪いことばかりのようですが、半面、自分のやりたいことを自由にできる、というのは、何といっても、最大のメリットです。これを生かすも殺すも、自分次第です。

たとえば絵を描く、陶器を作る、俳句や短歌をつくる、歌を歌う、ゴルフやテニスをする、あるいは手紙を書く、等々、何でもいいから、他の人に見えるもの、できれば評価してもらえることをすることです。

それによって、自分の心が活性化でき、エネルギーが外に放射され、そこから新たな生き甲斐も生まれてきます。さらに、他の人と一緒にやって、人の評価を受けながらエネルギーを交換していけば、より充実度が増します。周りの人間のエネルギーも戴くことができるわけです。

自分で作った花が咲けば、これも、花からエネルギーをもらうことになるのです。

●自暴自棄になって損をするのは自分

人間は自分の思い通りに物事が運ばないときとか、不運が続いて不幸のどん底に落ちたときには、〝どうにでもなれ〟と、自暴自棄になりがちです。

しかし、自暴自棄になって何一つプラスになることはありません。

自暴自棄に陥れば陥るほど、無思考、無計画、無反省となって、言動が刹那的、粗暴になります。それがますます悪い結果を生み、最悪の循環に入ってしまいます。そして自暴自棄になってやったぶんは、必ずあとで修復しなければならない破目になるのです。

どんなに上手くいったとしても、自分の思い通りにいくことは滅多にないものです。むしろ計画通りにいくことのほうが珍しいのです。

だから、思うようにいかなくても、他人のせいにしないことです。それが冷静になる第一歩です。そして、自分の計画や準備、練習のやり方のどこが悪かったのかを反省して、もう一度最初に立ち返って出直す気持になることが大切です。

●幸運をつかまえる人、逃す人

えてして、悪いことは重ねて起きるものです。天を恨まず、自分の不幸を嘆かず、努力すれば必ず幸運が来ることを信じて再起を図ることです。そのときこそ、自分の運と力を信じるのです。

幸運をつかまえる人と逃す人の差は、常に明確な夢や目標を持って、その実現に向かって努力しているかどうかの差です。運は、漫然とその日その日を送っている人のもとには決して向いて来ないものです。それは、チャンスが来てもチャンスと認識することができず、逃してしまうからです。

幸運というのは偶然ではなく、待ち構えている人の所へ訪れるのだ、ということを心得たいものです。

5章

「もう一度…」と思ってもらうために

1 個人も企業も〝リピーター〟に支えられ

魅力的な人に出会ったり、楽しい時を過ごしたりすると、「またこの人に会いたい…」という気持になります。こういう人を沢山持つことが人生において大事なことですが、私たち自身が、こう思ってもらえる人間になることこそ大切です。これは個人も会社も同じです。

反対に、二度とあの人に会いたくない、あの人の話はもう二度と聞きたくない、あのお店には二度と行かない…、などということになったら、企業も個人も破滅です。

世の中には沢山の企業があります。メーカー、卸売店、小売店、さらに小売・サービス分野の中には、デパート、コンビニ、レストラン、料亭、ホテル・旅館…と、それこそ限りなくありますが、ほんとうに自分のつくる商品やサービスを、購入してくれるお客さんのことを真剣に考えて生みだしているでしょうか。

一度は買ってくれたり、来てくれたりするお客さんはいても、二度、三度と同じ商品、料理、サービスを購入して下さる〝リピーター〟となると、そんなお客さんの数は、ぐっと少なくなるでしょう。

では、個人も企業も、そうしたリピーターを確保するためには、どうしたらよいのでしょうか。ビジネス的な視点も交えて考えてみましょう。

●平謝りした銀行支店長

私たちは、どうも近視眼的に人を見たり、取引先やお客さんをとらえているような気がしてなりません。

かつて、こういう話を聞きました。

ある銀行の支店長がゴルフをプレーした時に、自分のプレーがうまくいかずに御機嫌をそこね、付いたキャディーさんにひどく当たったそうです。さすがにキャディーさんは腹を立て、翌日、その銀行に入れていた預金を全部降ろしてしまいました。実は、そのキャディーさんは大地主さんで、その銀行に億単位の預金があったのです。そこで初めて、昨日のキャディーさんが自分の支店の大得意であったことを知った支店長は、彼女の家に飛んで行って平謝りに謝ったのですが、後の祭りだったそうです。


私たちは、つい表面的に人を判断してしまって、自分が相手より上位にいるとみると、我儘が出たり、見下げるような態度をとりがちです。ところが、私たちの周りには、いつもどこかでお客さんやお客さん予備軍になる人たちが沢山いるのです。

右の銀行支店長のように、一見、プレーヤーである自分のほうがキャディーさんより上位のように思えても、別のところではそうとはならないかも知れませんし、実は相手のほうがより学識や技能が高く、自分のほうが学ぶ立場かも知れません。

●〝好かれるお客様〟になること

「お客様は神様です」というフレーズが一時流行しましたが、双方がお客様になることだって、沢山あります。

以前、某テレビ局の有名アナウンサーが、酒に酔ってタクシーの運転手に暴行を加えたとして話題になったことがありましたが、よく考えると、このアナウンサーは確かにタクシーの客でしたが、一方で、その運転手さんもテレビの視聴者で、アナウンサーにとっては広い意味でのお客様でした。

となると、いまお客さんだから神様で、偉くて威張っていい、というわけにはいきません。なぜなら、相手の人もどこかで自分のお客さんであるかも知れないからです。

世の中は廻り廻って、戻ってきます。その時点だけの状況や立場で物事を考え、判断すると、大きな誤りを犯すことになりかねません。


「尊大なお客になるな。好かれる、歓迎されるお客になれ」


と、自分に言い聞かせることです。

どこへ行っても歓迎されるお客になれば、自分の周りに好意を持ってくれる人が増えるからです。威張るお客は嫌われ、やがてそれは自分に戻ってくるものです。

そこで私たちは、次の九項目を戒めとしたいものです。

(1) 驕《おご》るな
(2) 威張るな
(3) 馴《な》れ過ぎるな
(4) 調子に乗るな
(5) 油断をするな
(6) 腹を立てるな
(7) クヨクヨするな
(8) 焦るな
(9) 諦めるな

この九つの項目は、個人でも企業でも、顧客づくり、リピーターづくりの基本だと思います。

●リピーターの重要性は〝口コミ〟に

リピーターとは、ある商品やサービスに好感・満足感を持ち、再びその商品を買いたい、サービスを受けたい、という気持を起こし、行動を起こす人のことです。そして、そういう人は自分だけでなく、他の人に口コミでその商品やサービスを宣伝・推賞してくれるのです。

たとえば、「あの旅館はとてもよかったから一度行くといいよ」とか、「おいしいから一度食べてみるといいよ」と勧めてくれます。これによって、新たなリピーターが生まれる可能性が広がっていくのです。

これは、個人の付き合いでも同様です。

「あの人はステキな人だ」「いい人だから一度会ってみれば…」という口コミほどありがたいことはありません。

2 安さの魅力は一時的なもの

●より安いところへ移っていくだけ

商品でいえば「安い」というのは大きな魅力で、リピーターを獲得する条件の一つとなります。が、それだけの魅力では、お客はすぐに浮気をしてしまいます。確かに世の中には、安ければ遠くまで労を惜しまず買いに行く、という人も沢山いますが、リピーターは価格競争からはつくれません。他にもっと安い店ができれば、すぐにお客は移動するだけです。

衣類、ハンバーガー、牛丼等、今までに数多く価格競争が発生しましたが、絶対的勝利者はいませんでした。一時的には売上が増え、シェアが上がっても、一方では価格競争による利益率の低下が収益を圧迫し、経営を悪化させ、やがては低価格政策自体を修正せざるを得なくなるのです。

価格だけで市場を制覇することは困難です。価格というのは一つの重要な要素ではあっても、決定的な要素ではないということです。

●低価格競争に巻き込まれないために

しかし現代の市場は、基本的に同じような品質・サービスの競争になっているため、どうしても価格だけの競争に巻き込まれがちです。よほど自分の商品・サービスを常に革新し、特色ある商品・サービスを開発していかないと、気がついたら価格だけの競争に巻き込まれて、次第に経営悪化に追い込まれていくのです。

とくに、現代の日本の社会は少しでも売れるとみれば、皆が同じような物を競ってつくろうとします。同じものが出現するということは、価格のみの競争市場を生み出し、利益低下→不採算→経営不振→倒産→不良債権となる可能性が大です。

皆が同じような考えで、同じものをつくる。これが低価格市場を拡大し、顧客を取り合い、リピーターづくりどころか、何でもいいからその場、その時の顧客の目を引きさえすれば、という考え方をつくりだしているのです。

低価格競争市場は、次第に経営を刹那的にし、短期的思いつき経営にしていくだけです。

●ブランド化の推進とコストの低減

現代の市場は、残念ながら価格競争で日夜明け暮れています。それは一つに、物やサービスが過剰に生産され続けているからであり、また商品やサービスの機能・品質がほとんど均一に近くなっているからです。

つまり、商品・サービスに、他にない特色や優位な機能がない限り、価格オンリーの競争になってしまうということです。これは、小資本・大資本にかかわらず言えることです。

したがって、そうした中においても低価格競争で潰されないためには、市場占有率を高めるためのブランド化の推進や、生産性の向上、コストの低減といった、基礎的かつ地道な努力を常に続けなければなりません。

こうした基礎づくりを疎かにして商品・サービスの特色化、差別化だけを図ろうとしても、一発屋的な商品・サービス開発となって、長続きはしないものです。

●〝赤信号みんなで渡れば…〟はもう改めて

人間は、一ついいとなると、同じような行動をとる傾向があります。

流行もその一つです。バブルがなぜ生まれたか。それは、金あまり状況の中で、株を買えば儲かる、土地を買えば儲かる、ビルを建てれば儲かるということで、皆が株を買い、土地を買い、ビルを建てたからです。そして、そのための金を銀行がどんどん貸し付けました。

一時期、確かに値上がりのお陰で皆が儲かりました。しかしどんなことも限りなく需要が増え続けるはずはなく、やがて崩落が始まり、終わってみれば、トランプゲームのババを最後に引いた人が大損したのでした。これがバブルだったのです。

現在も再び、空地や古い建物を取り壊してマンション、オフィスビル、ホテルを至る所で建設していますが、需要より供給が過剰気味で、不良資産↓不良債権にならないという保証はありません。

なぜ、供給過剰になることが分かっているのに、同じような発想で、同じような行動をとるのでしょうか。誰かが良いと言うと、皆がそれに同調し、バブル現象をつくり出すのです。

〝赤信号みんなで渡れば怖くない〟という考え方は、もういい加減に改めなければなりません。

●「売ってやる」「食べさせてやる」という態度も問題

何代も続いた老舗や特別な技術を持った企業やお店の中には、その名声と顧客の支持をバックに、「売ってやる」「食べさせてやる」というような態度をとるところがあります。

こうしたところは意外に人気があって、マスコミにも取り上げられたりするためか、中には、こういう態度に魅力を感じる人もいるようです。

しかし、これからはどうでしょうか。今後も変わらず成功し続けてゆく保証はないと言っていいでしょう。なぜなら、こういうお店や企業は、リピーターを無視する傾向があるからです。

店主や社長は、「うちはお客がこれ以上来てくれなくてもいいんだ。これ以上増えると品質を落とすし、またつくり切れない」と、同じようなことを言います。しかし、この考え方で今後いつまで、現在と同様の繁盛を続けていけるでしょうか。

「質」を守るためには「量」を制限する、という考え方は確かにありますが、その場合はより一層、お客さんに対する配慮と気配りが欠かせないと思われます。少なくとも「売ってやる」「食べさせてやる」といった態度が見えてはなりません。

個人も商売も、リピーターづくりを無視して繁栄するわけがありません。現在の繁盛や名声をもたらしたのは、自分の力だけではないはずです。自分一人がつくり上げたというような思い上がりが少しでもあれば、次第にお客さんは離れ、リピーターからも無視されていくのです。

3 相手に感動を与えられるか

●受け手の身になってこそ感動を与えられる

芸人の世界でも、面白い、また聞きたい、見たいという気持を起こさせるためには、オリジナリティーが必要です。人の真似では感銘を与えることはできません。自分で創り出した何かがなければ、他人に感銘を与えることはできないのです。

そのためには、常日頃から努力し、いろいろな経験・研鑽の中から自分のものを創り出すことが大切ですが、商品、演技、サービスだけを研究・工夫するのではなく、それを使う人、見る人、食べる人、受ける人の身になって考えることが、とても大切です。

医師の日野原重明先生が仰っています、「最近の若い医者は病んだ患部を診て、病んだ患者を診ない」と。まさにその通りで、商品をつくってもそれを使う人のことを考えない、演技をしてもそれを見る人のことを考えない、料理をつくってもそれを食べる人のことを考えない、という人が増えているようです。

いわゆる「木を見て森を見ず」ということです。見た目とか、技術的・専門的なことばかりに視線が注がれて、人間性とか人情の機微とかを忘れているということでしょうか。

このあいだ、こんな話を聞きました。その方は末期ガンで苦しんでいて、掛かりつけの若い医師に苦痛に顔をゆがめながら、「先生どうなのでしょう

か」と聞いたところ、その医師からは、

「貴方は、いつまで生きたいと思っているのですか」

という答えが返って来たそうです。まさに病んだ患部を診て、病んだ患者を診ない医師です。

●人を感動させるには自分が感動を

人に感銘・感動を与えることは大変難しいことです。

まず第一に、感銘・感動を人に与えるためには、自分自身に感銘・感動を受けた体験がなければなりません。そういう体験なしに人に感動を与えることは、まず出来ません。

過去に自分自身が旅館やレストランなどで感動するサービスを受けた経験のない接客係は、いくら教育をしても、本当に心のこもった接客はできないでしょう。良い絵を描くためには良い絵を見る、おいしい料理をつくるためには、おいしい料理を食べることが必要です。

もっとも、世の中には実体験できないこともあります。たとえば、すべての医者が患者の体験をすることは困難です。したがって、そのような場合は、良き指導者を得ることが大切になります。とくに、技術面ばかりでなく精神面においての良き指導者が必要になります。その人の貴重な体験を自分の中に取り入れることによって、補っていくわけです。

●マンネリと自己満足をどう排除するか

第二に、人に対して感動や満足感を与えるには、単なる演技や小手先の技術では不可能です。人を笑わせようとすると、かえって人は笑わなくなる、という話を落語家から聞いたことがあります。

私もインストラクター教育を担当していた頃、上手に話をして人に感動を与えようとした時はかえって反応は冷たかった記憶があります。反対に、一所懸命に分かってもらおうと努力している時は、話が上手に話せなくても受講者に感銘を与えるものだ、ということもよく分かりました。

人間は人であれ物であれ、相対する対象物の態度、雰囲気等々からいろいろな情報を入れ、感じとっているもの。したがって、仮に直接つくっている人の様子を知ることができなくても、手にした商品はつくった人の努力の結晶だから、その商品を購入して使うことによって、人間は感動を受けたり、反対に失望感や嫌悪感が生まれたりするのです。

自分の会社でつくっている製品をよく知らなかったり、使用したことがないという会社の幹部もいます。すべての製品を知り、使うことはできないでしょうが、少なくとも、他社製品と自社製品の相違、特徴、優劣を知らないような幹部がいる会社は、リピーターをつくることはできないでしょう。

常に自社の製品やサービスを他社のそれと比較し、工夫・改善していかずして、競争に勝てるはずはありません。何事も自己満足に陥ったり、馴れが高じてマンネリに陥ると改革意欲が失われ、人に感動、感銘、満足感を与えられなくなってしまいます。

大リーグで活躍するイチロー選手も、「好調だからと思って自己満足に陥った次の日は、必ず悪い結果が出る。だから早く次の日になって欲しいと思う」と言っています。

自己満足・自己陶酔に陥らず、常に他人の気持になって、自分の製品、料理、演技、話し方、サービス等を改善・工夫していくことが如何に重要であるか、ということだと思います。

4 〝リピーター〟をつくる工夫

リピーターづくりは、感動と満足感を与えることです。そんな重要な仕事を人任せにしていたのでは、とても実現は無理です。

世の中には、副業を始める人もいますが、その多くは失敗します。それは肝心のところを人任せにするからです。今の時代、何をやるにも競争が熾烈で、人任せにして成功するような生易しいものはありません。事業主自らが現場に出て工夫・改善に日夜情熱を注ぎ、それがお客さんに伝わらない限り、成功は望めません。

●チェックリストを作成してみよう

個人でも企業でも、リピーターが来ないのは、自分のほうに何らかの〝欠陥〟があるからです。それを見つけだすためには、チェックリストをつくる必要があります。

会社でいえば、品質なのか、設備なのか、接客なのか、あるいは顧客管理なのか、価格なのか、いろいろな面から検討しなければなりません。お客さんからアンケートをとって検討するのもよいでしょう。

それをもとにチェックリストをつくり、従業員と検討することによって、従業員一人ひとりに問題意識が生まれ、仕事の改善意欲も起こってきます。いずれにしても会社の場合には、そこに働く一人ひとりに、リピーターづくりへの熱意と工夫が生まれなければ、お客さんから信頼される企業にはなりえないのです。

●名前と顔を憶えることで百人力のパワーが

個人のお付き合いでもそうですが、仕事上でも、とくに物やサービスを販売する職業に携わる人々にとっては、顧客の顔、名前を記憶するということは非常に大切なことです。

私がよく知っているゴルフ場のロッカールームの受付に素晴らしい女性がいました。当時三、〇〇〇人以上のメンバーがいたと思いますが、その女性は常連を中心に二、〇〇〇人近くのメンバーの顔と名前を記憶していて、ロッカーの受付に行くと、すぐにロッカーキーを出してくれました。

どうして二、〇〇〇人もの顔と名前を記憶したのか。そこには、やはり大変な努力があったのです。ノートに一人ひとりの名前、顔の特徴、会社名などを記録し、暇があれば記憶するよう努力したということです。何ごとも、楽していつの間にか自然に、という訳にはいきません。

人間は、努力し続けると、たとえば記憶力にしても次第に要領を会得して、効率よく最小限の労力で出来るようになるものです。その結果、一人の人間に驚くような素晴らしい仕事が出来るのです。一人の女性の努力によって、このゴルフ場はどれほどのリピーターを確保し、増やしたか知れません。

●人間味のないマニュアル対応は止めよう

反対に、何度もそのお店に顔を出しているのに初めてのお客のように扱われたら、そんなお店には行きたくなくなるでしょう。

レストランやホテルなどを予約する時に思うことですが、毎回、電話番号を聞かれます。なぜ電話番号を聞くのかといえば、キャンセル防止の確認のためとか、その後の連絡のためとか、いくつかの必要性があるのでしょうが、初回ならともかく、何度も利用しているのに、その都度オウム返しのように「お電話番号をお願いします」と聞かれると、いったいどうなっているのかと思ってしまいます。こんなに貴方のお店を利用しているのに、もっとリピーターとしての扱い方はないのか、と思うのです。

理由としては、毎度受付の人が変わるとか、受付マニュアルに「ありがとうございます。失礼ですがお電話番号をお願いします」と書いてあって、それが習慣になっているから、などがあるのでしょうが、これなど、お客さんの立場に立って物事を考えない一例です。お客さんを大切にしているようで実際は、大切にしようという心掛けが欠けているのではないでしょうか。

簡単なパソコンによる顧客管理もできるはずです。また、顧客カードの発行も利用できます。いずれにしても、味も素っ気もないマニュアル教育は止めにして、人間味のある接客管理を心掛けたいものです。

●印刷より自筆、手紙より電話…

次に誘致活動のやり方についてですが、多くの企業や商店では、同じような印刷物を発送するだけで、ほんとうにリピーターとして行きたくなるような、心のこもった誘致活動をしているところは少ないものです。

催し物の開催、特別セール等々、誘致案内の郵便物をダイレクトメールで発送すれば、あるいは会員制組織をつくれば自動的に何パーセントかの顧客がリピーターとして来店する、と思ったら大間違いです。そんなに簡単にリピーターにはなりません。

たとえば、手紙や印刷物にしても、経営者、支配人、店長の肉筆のサインや、短くても自筆の挨拶文があれば、受け取った人の心に何かしらのものが起きると思います。人間は、通り一遍の印刷物よりは自筆の手紙、手紙よりは肉声の電話のほうが、心を動かすものです。

どうしたら人の心を動かすか――これが個人のお付き合いでも、会社の商売でも、リピーターづくりの根本なのではないでしょうか。

一方、相手とのトラブルは、それが起こらないような気配りなど、予防策が欠かせませんが、一旦起こったトラブルは恐れてはいけません。上手なトラブル解決は、顧客の心に強い印象を与え、逆に信頼を勝ち得るよいチャンスになるからです。

この点では昨今、大手食品会社で、大変参考になる悪い例が頻発しています。やはりこうした点の徹底ぶりは欧米企業に学ぶべき点が多いようです。

●気づいたことを即実践しよう

何事も、待ちの姿勢でいては成果は上がるものではありません。常に積極的な攻めの姿勢が必要です。もっとも、積極的といっても、昨今多い強引な訪問販売や、悪徳商法まがいの商売を言っているのではありません。

たとえば、私の自宅の近くに立派な園芸店があって、そこで花や花苗、園芸資材などを時々購入して家に届けてもらうのですが、いつもそれきりで、アフター・ケアもアフター・サービスも一切ありません。もし、品物を届ける時とかに、「その後、このあいだお届けした苗はどうですか、花は咲きましたか」などと声をかけながら庭を見せてもらったり、気づいたことをアドバイスしたりしたら、また新しい注文をもらえるかも知れません。

ただ頼まれた品物を届けっ放し、売りっ放しでは、リピーターにはなりません。もし近所にサービスの優れた店ができたら、お客を奪われてしまうことでしょう。

リピーターづくりは理論ではありません。良いと思うことを実践に移すことです。そして、それを継続し、より効果が上がるように工夫・改善していくことだと思います。チラシやダイレクトメールのような物だけに頼るのではなく、心に感じ、心を動かすやり方を工夫したいものです。

5 すべては〝終わり〟が肝心

●「お見送り」で印象は決まる

石川県の能登半島にある和倉温泉に、全国でも一、二の人気を競う旅館があります。私も以前に行ったことがありますが、ここで一番感じたことは、帰る時に仲居さんがＪＲの駅のプラットホームまで荷物を持って見送りに来てくれたことです。このサービスは現在も行なわれていて、このあいだもテレビで紹介されていました。

ふつうサービス業においては、最初の受入、お迎えはどこも大変一所懸命に歓迎してくれるのですが、いざ終わって帰る時になると、意外に素っ気ない見送り方をするところが多いものです。

「終わり良ければすべて良し」という言葉がありますが、私はサービス業においては、終わりを大事にしないところは繁盛しない、即ち、リピーターづくりは出来ない、と思っています。

終わりを大切にする心、つまり、

「リピーターとしてまたおいでください」

という感謝の気持、祈るような気持をこめてお見送りする、その心構えが最も大切なことだと思います。


人間関係も、商売の売り手と買い手も、最初の「出会い」の印象から始まって、「体験」を経て、事後の「感動」まで、次のような流れになるのが望ましいといえましょう。

〈良い印象〉➡〈感　動〉➡〈満　足　感〉➡〈リピーター〉

こうしたサイクルになるよう努力し、工夫することだと思います。

誰でも、最初の出会い、初体験の時はいろいろな希望、期待を持っています。この期待を裏切らない、いや、期待以上の満足感を得てもらうにはどうしたらいいか――。これを考え、工夫していくこと、これが重要なことなのだと思うのです。

おわりに

この本には、随分と立派なことが書いてありますが、実を言いますと、これまで私は、ここに書かれたことと反するようなことを沢山やってきました。若さというのでしょうか、思い上がりというのでしょうか、いま思うと恥ずかしい限りです。

しかし、こけつ転《まろ》びつしながらも、人生経験を重ねて一定年齢になるにしたがい、人間関係の機微というか勘所のようなものが、多少見えてきたような気がします。そんな私の拙い知識と経験をもとにして、思いつくままに筆を進めてみたのがこの本です。

私自身、ここに書いたことを一つひとつ反省しながらも、努力して実行してきたつもりですが、その結果として、毎日が明るく、充実してきたように思います。それだけに、私が心掛けてきたことはやはり間違っていなかったと信じております。

この書を読まれた方々の、日頃のお付き合いに少しでもお役に立ち、その幸福づくりに幾ばくなりとも貢献できるなら、私としましては、このうえもない幸せであります。

二〇〇四年　春

井畑　正明

井畑　正明（いはた　まさあき）

1922年（大正11年）東京生まれ。1944年（昭和19年）高千穂高商卒業。学徒出陣を経て、見習士官にて終戦を迎える。1946年（昭和21年）ダイハツ商会（後に、東京ダイハツ自動車販売株式会社、現在の株式会社ダイハツ）に入社。あわせて1963年（昭和38年）からは日経連傘下の日本産業訓練協会MTP、TWIインストラクターとして、大企業から中小企業までの管理者訓練教育に従事。1967年（昭和42年）株式会社ダイハツ専務取締役に就任。自動車販売の第一線で活躍。1996年（平成8年）同社・相談役に就任。株式会社フィット社長、株式会社お茶の水センタービル社長を兼務し、現在に至る。

人《ひと》を思《おも》いやる力《ちから》

2004年 6月10日　初版発行

著　者　井畑　正明
発行者　谷　　明彦

発行所　株式会社 フォー・ユー
東京都文京区本郷3丁目2番12号　〒113-0033
☎代表 03(3814)3261

発売元　株式会社 日本実業出版社
東京都文京区本郷3丁目2番12号　〒113-0033
☎代表 03(3814)5161　振替 00170-1-25349

印刷／理想社　　製本／若林製本

落丁・乱丁は，送料小社負担にてお取替え致します

ISBN4-89376-090-4